AF619877

LA SCÈNE, VN ACTE, PAR ANDRÉ LEBEY, REPRÉSENTÉ POVR LA PREMIÈRE FOIS SVR LE THÉATRE DE L'ŒVVRE LE XV MARS M DCCC XCV.

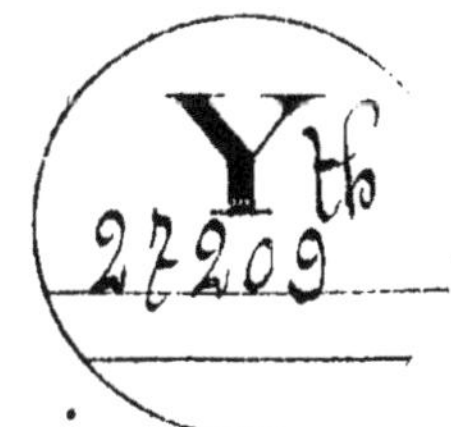

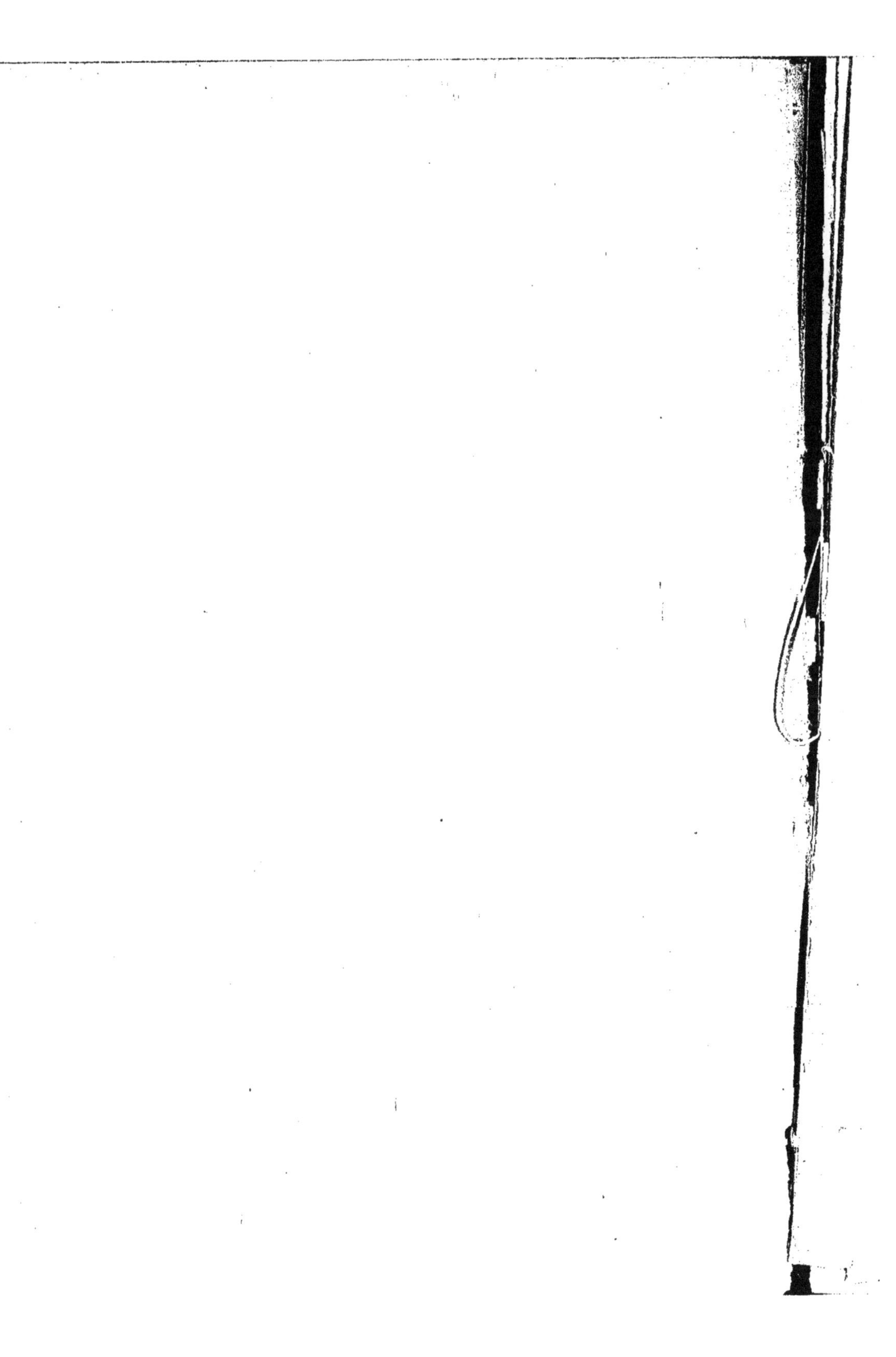

LA SCÈNE

il a été tiré en plus
30 exemplaires sur papier Whatman
à 5 fr. l'un

ANDRÉ LEBEY

La Scène

ÉDITION DV « MERCV
RE DE FRANCE », XV,
RVE DE L'ÉCHAVDÉ-SA
INT-GERMAIN, PARIS.
M DCCC XCV.

POUR MES AMIS

CONNUS ET INCONNUS

Personnages

JACQUES
L'ONCLE
LE PÈRE
LA MÈRE
LA SERVANTE
LE MÉDECIN

Un salon bourgeois ordinaire. Dans le fond, une porte donnant sur une terrasse et un jardin. Une porte plus petite à gauche. Le Père est assis et tisonne le feu tandis que la Mère travaille à un ouvrage de tapisserie.

LE PÈRE

Jacques est bien changé depuis quelque temps. Il ne demande plus à sortir le soir et, l'après-midi, s'enferme dans sa chambre.

LA MÈRE

Avec l'âge les hommes deviennent plus sérieux et ce n'est pas un mal... Notre fils leur ressemble...

LE PÈRE

Ce n'est pas sûr. D'abord, chez lui il y autre chose que du sérieux.

LA MÈRE

Comment, autre chose ?

LE PÈRE

Oui. Je connais des gens sérieux et ils ne ressemblent pas à Jacques, mais pas du tout. Regarde mon frère le notaire, c'est ce qu'on appelle « un homme sérieux » ; il est bien loin de lui !

LA MÈRE

Mais son oncle a plus de quarante ans.

LE PÈRE

Oh! cela n'y fait rien... Je sens que Jacques ne sera jamais ainsi. Il lui manque quelque chose d'aussi aimable, d'aussi causeur...

LA MÈRE

Il est un peu taciturne, c'est vrai.

LE PÈRE

Et on dirait qu'il porte constamment un fardeau...

LA MÈRE

Il y a d'autres instants, au contraire, on dirait qu'il est accompagné, qu'il cause avec quelqu'un.

LE PÈRE

Son maintien parait bizarre.

LA MÈRE

Et puis il a les yeux comme s'ils étaient pleins de larmes retenues...

LE PÈRE

Les enfants donnent trop d'inquiétude!

LA MÈRE

Ce n'est pas tout à fait de leur faute.

(*Silence*)

LE PÈRE

Oui. Etrange... Je ne pourrais pas dire au juste ce qui fait qu'il paraît ainsi, mais il n'a pas l'apparence d'un homme ordinaire.

LA MÈRE

Qu'y a-t-il de terrible à cela ?

LE PÈRE

Moi, je me méfie de ceux qui se singularisent.

LA MÈRE

En quoi donc vois-tu qu'il se singularise ?

LE PÈRE

C'est vrai qu'il est habillé comme les autres, mais à... l'intérieur il ne leur ressemble plus. N'as-tu pas remarqué sa gêne lorsque quelqu'un lui demande son avis ? « Je ne sais pas... Peut-être... En effet », dit-il, comme s'il se trouvait séparé des gens qui lui parlent.

LA MÈRE

Il est trop jeune pour affirmer. Tu lui as dit si souvent que les jeunes gens devraient plutôt se taire !

LE PÈRE

Il profite trop bien de mes observations, alors... Quant à toi, tu le défends toujours ! Je ne peux parler de lui sans que tu découvres des excuses.

(*Silence.*)

Enfin, que signifie cette figure sombre dès qu'on lui demande de sortir ? Les jeunes gens vont dans le monde, que diable ! A son âge, je n'étais pas ainsi !

LA MÈRE

J'en suis aussi inquiétée... Mais comment s'y prendre pour le faire rire plus souvent ? En faisant ce qu'il demande ?

LE PÈRE

On irait loin.

LA MÈRE

Et puis on ne fait pas rire ceux qui ne rient pas d'eux-mêmes.

LE PÈRE

Jamais il ne rit ou alors il fait une grimace et paraît se moquer... oh! se moquer... Tu devrais, de ton côté, lui adresser des remontrances ; tu es sa mère et il t'écouterait mieux que moi.

LA MÈRE

Je lui en ai déjà fait. Seulement, tu le sermonnes déjà si souvent...

(L'oncle frappe à la porte.)

LE PÈRE ET LA MÈRE

Entrez.

L'ONCLE

Salut, mon frère. *(S'approchant de la tapisserie.)* Quelque nouvel ouvrage?

LA MÈRE

Pas grand'chose... Vous vous portez tous bien à la campagne?

L'ONCLE

Aussi bien que vous... Vous n'êtes pas malades, n'est-ce pas?

LE PÈRE

Non. Non...

L'ONCLE

A ce compte-là, vous devriez partir demain avec moi. Les chambres sont préparées pour vous recevoir et ma femme sera heureuse d'en ouvrir les portes.

LE PÈRE

Voilà qui est aimable à toi. Mais il nous est difficile de quitter la ville.

L'ONCLE

Question d'affaires?

LE PÈRE

A cause des affaires et de bien d'autres choses.

L'ONCLE

Aurais-tu des ennuis?

LA MÈRE

Non, il n'a pas d'ennuis...

LE PÈRE

A part quelques contrariétés...

L'ONCLE

Qu'est-ce qui arrive donc?

LE PÈRE

Rien, je t'assure...

L'ONCLE

Oh! tu te caches de moi!

LE PÈRE

Je n'ai rien à cacher.

L'ONCLE

Voyons, tu peux bien me le dire. Si je peux te venir en aide, je le ferai volontiers.

(*La mère fait signe au père en se mettant un doigt sur la bouche.*)

LE PÈRE

Voici : Jacques nous inquiète beaucoup.

L'ONCLE

Eh! Eh! Aurait-il un peu trop couru... couru le bois fleuri et les fleurs, ainsi que disait cet excellent grand'père mort il y a dix ans? Quelques fredaines de jeunesse sans doute?

LE PÈRE

Si c'était seulement cela!

L'ONCLE

Aurait-il?...

LA MÈRE

Tranquillise-toi...

L'ONCLE

Alors je ne comprends pas pourquoi tu t'inquiètes.

LE PÈRE

Tu ne te doutes pas de ce que je vais te dire.

L'ONCLE

Ma foi...

LE PÈRE

Jacques nous échappe.

L'ONCLE

Jacques vous échappe ?

LE PÈRE

Il refuse de faire ce qu'on lui demande... il ne rit pas assez... il s'enferme... il... il .. enfin je ne pourrais pas t'expliquer au juste. En tout cas, il est inquiétant.

L'ONCLE

Des papillons noirs! Un rien. Ce caprice passera.

LE PÈRE

Je crois encore qu'il écrit.

L'ONCLE

Comment, il écrit des livres !

LE PÈRE

Je n'en ai jamais vu et je pense qu'il n'en a jamais publié, car il écrit pour lui. D'ailleurs ses feuilles sont si bien cachées qu'il est impossible de les découvrir.

L'ONCLE

Drôle d'enfant!

LE PÈRE

Je lui ai dit tout ce que je pouvais lui dire; j'ai essayé tous les moyens et pas un n'a réussi.

LA MÈRE

Il nous afflige beaucoup.

L'ONCLE

Allons! Allons! Je vais arranger tout cela pour le mieux.

(*Le père et la mère le regardent anxieusement.*)

Je venais justement vous parler de Jacques et vous dire que je lui offrais d'être mon secrétaire.

LE PÈRE

Tu es trop gentil, mon frère... cependant...

L'ONCLE

Tu crains qu'il n'accepte pas. Mais ne

crains rien ; on ne refuse pas un avenir superbe.

(*Le père se promène dans le salon sans rien dire.*)

Et où est-il maintenant ?

LE PÈRE

Sans doute dans sa chambre. Veux-tu qu'il descende ?

L'ONCLE

Oui... et je le sermonnerai un peu à mon tour.

LA MÈRE

Je vais le chercher.

(*Elle sort.*)

LE PÈRE

Ne crains pas d'être dur. Avec de pareilles natures il faut employer la violence et les secouer un peu. Il n'entend jamais ici tout ce qu'il devrait entendre. Sa mère survient toujours pour le plaindre.

L'ONCLE

Laisse-moi avec lui.

LE PÈRE

Puisses-tu réussir mieux que moi !

(*Il sort.*)

L'ONCLE

C'est curieux de posséder un caractère aussi baroque. Ah ! s'il m'avait rencontré lorsque j'avais vingt ans !... Les filles du moulin s'en souviennent encore du temps des vacances...

JACQUES (*entrant*)

Vous voulez me parler, mon oncle ?

L'ONCLE

Tu ne dis donc pas bonjour ?

JACQUES

Bonjour, mon oncle. Je suis à votre disposition.

L'ONCLE

Je pense bien !... Comment vas-tu ?

JACQUES

Pas mal, je vous remercie... Vous êtes arrivé depuis longtemps ?

L'ONCLE

Seulement depuis hier après-midi, et je suis venu à la maison dès aujourd'hui.

JACQUES

Délicate attention.

L'ONCLE

Et que faisais-tu? Je ne t'ai pas dérangé?

JACQUES

Je travaillais.

L'ONCLE

Mais je croyais que tu n'avais pas de carrière fixe...

(*Silence.*)

A propos, que comptes-tu faire plus tard? Je pourrais t'offrir une place...

JACQUES

Je compte vivre.

L'ONCLE

Naturellement; mais c'est une chose

simple au sujet de laquelle je ne t'interroge même pas.

JACQUES

Vous allez vite en besogne!

L'ONCLE

Hum!... Enfin, en dehors de cet acte de vivre, on doit prendre une position sociale.

(Jacques ne répond pas.)

Y as-tu déjà pensé?

JACQUES

Rarement.

L'ONCLE

Hum!... Aurais-tu toutefois en vue quelque occupation... véritable?

JACQUES

Qu'entendez-vous par là?

L'ONCLE

Une place dans un bureau... une école à préparer... enfin une occupation comme en prennent ceux qui ne veulent pas s'ennuyer!

JACQUES

Aucune.

L'ONCLE

Mais dis-moi, Jacques, qu'est-ce que tu as donc ce soir? Tu as l'air de ne pas entendre ce qu'on te dit...

JACQUES

Je l'entends au contraire très bien ; *(Plus bas.)* trop bien.

L'ONCLE

Ah ça ! mon neveu, que signifie ?...

(La nuit tombe peu à peu ; le salon devient de plus en plus obscur.)

JACQUES

Ah ça, mon oncle, dites-moi franchement ce que vous avez à me dire... Ce seront sans doute les mêmes paroles que celles de mon père.

L'ONCLE

Eh bien, oui ! Je trouve ridicule qu'un jeune homme tel que toi se promène partout avec indifférence, ne rie pas quand les autres rient, ne pense pas comme eux et n'ait pas une vie semblable à celle de ses camarades.

JACQUES

Pardon ! Je n'ai pas de camarades...

L'ONCLE

Assez ! Tu n'as pas une autre peau, après tout, que celle de ceux qui t'entourent... Je trouve ridicule que tu te plaises au milieu de ces vieux livres qui tapissent ta chambre de leur inutile papier. Au moins, si c'étaient de bons livres, de ceux qu'il est possible de placer dans une bibliothèque respectable !... Mais non, tu t'absorbes dedans sans songer à rien d'autre, sans t'occuper de ton avenir ; tu accueilles des pensées subversives, tu prends un air en dehors... Moi, je suis un honnête homme, entends-tu ? Je n'avais pas le sou à ton âge et j'ai gagné de quoi me permettre un certain luxe grâce à un travail continu. Et cela est plus beau que de rester un inutile... Je suis décoré du Mérite agricole ! Je m'appelle Alfred Benoît, notaire à Reims ! En un mot j'ai une « position sociale »! Je suis quelqu'un. Quant à toi, qui seras-tu ?

JACQUES

Je n'ai pas encore réussi à le savoir avec exactitude.

L'ONCLE

Des réponses énigmatiques, n'est-ce pas?... Ah! j'en ai assez et tu ne vas pas prendre l'habitude de te ficher de moi. Entendons-nous une bonne fois et que ce soit fini.

JACQUES

Qu'ai-je fait?

L'ONCLE

Beaucoup.

JACQUES

Quoi encore?

L'ONCLE

Je ne sais pas au juste... En tout cas, tu m'as froissé... D'abord, ton père a raison:

tu n'es pas comme tout le monde... Il ne s'agit pas de sourire ni de hausser les épaules. Parlons sérieusement : tu n'es pas de même que moi, soit, mais pourquoi ?

JACQUES

Vous désirez l'apprendre, Monsieur Alfred Benoît?

(*L'Oncle étonné recule.*)

N'ayez pas peur... asseyez-vous.

L'ONCLE

Qu'est-ce que tu as?

JACQUES

J'ai que j'ai assez de jouer la comédie et de m'entendre insulter à toute heure, ceux-là qui le font fussent-ils mes parents. J'ai que j'ai assez de vos coteries puériles et de votre vie insignifiante. Je la veux autre part, la vie... Je veux être moi-même, mon oncle, moi-même, et je ne tiens pas à danser sur le tréteau. Que la masse y saute! si c'est son plaisir, ce n'est pas le mien.

L'ONCLE

Es-tu fou ?

LE PÈRE (*entrant*)

Qu'y a-t-il ?

JACQUES

Puisque vous êtes là, mon père, apprenez donc que je désire mon âme libre et maîtresse d'elle-même et qu'elle ne s'humiliera jamais devant personne.

LE PÈRE

Que dis-tu ?

L'ONCLE

Ah! Ah! Il se moque de nous, il parle de l'âme ! !

JACQUES

Vous feriez mieux de ne pas rire. Ce que je dis est grave ; ce que je dis est vrai, et si vous ne l'avez jamais entendu, c'est que les hommes portent des muselières comme les chiens et que leurs crânes sont écrasés par des étreintes de plomb.

L'ONCLE

Voyons, Jacques. Que signifie cette mauvaise plaisanterie?

JACQUES

Plus sérieuse que vous ne pensez.

LE PÈRE

Il ne faudrait même pas l'écouter.

L'ONCLE

L'âme, encore une bonne farce dont nous avons purgé l'univers.

JACQUES

Vraiment?

L'ONCLE

Tu ne suis donc pas la science? Elle marche...

JACQUES

Vous avez de la chance si elle vous suffit!

LE PÈRE

Il est impossible de parler avec lui.

L'ONCLE

C'est comme le génie! Un Monsieur aurait quelque chose de plus remarquable que moi! Elle est bonne!... *(Regardant Jacques.)* Voudrais-tu descendre de ton Olympe?

LE PÈRE

N'y prête pas attention.

JACQUES

Voilà ce que l'on appelle un trait d'esprit, mon oncle.

(La servante apporte la lampe et la dépose sur la table.)

LE PÈRE

Tu devrais au moins te souvenir que je t'ai élevé.

JACQUES

Vous m'avez élevé, mais non pas comme vous auriez dû le faire. On n'élève pas plus un enfant avec des larmes qu'avec des convenances et des phrases creuses. Vous m'avez élevé? Oui... Lorsque j'ai commencé à devenir gênant, vous avez trouvé bon de m'enfermer dans le bagne scolaire, où des pédants apprennent à leurs élèves à devenir aussi desséchés qu'eux ; on y délivre un brevet de capacité mentale... les pauvres enfants, abandonnés à eux-mêmes sous la férule traditionnelle, la tête pleine de vaines formules, sont réduits à cacher leurs larmes, parce que personne ne se trouve là pour les essuyer, puis, peu à peu, à devenir aussi vides que leurs maîtres afin de ne plus souffrir.

LE PÈRE

Mais...

JACQUES

Vous m'avez appris ensuite les règles grâce auxquelles on peut être l'ami de « Monsieur tout le monde » et les quelques phrases qui rendent intelligents les imbéciles... Vous souhaitiez faire de moi le bon petit jeune homme qui perd sa jeunesse à mille niaiseries, exalte la bêtise, glorifie le patriotisme à la fin du dîner, quand on apporte les liqueurs...

LE PÈRE

Tu es fou, mon enfant!

JACQUES

Non, je ne suis pas fou.

L'ONCLE

A peu près.

JACQUES

Je ne sais pas qui est fou.

LE PÈRE

Tu oublies que ton père est là.

JACQUES

Vous êtes mon père par le sang, vous ne l'êtes pas par l'esprit.

L'ONCLE

As-tu fini avec ton esprit!

LE PÈRE (*à Jacques*)

Sais-tu ce que tu viens de dire?

JACQUES

Tout ce que je dis, j'avais besoin de le dire et il y a trop longtemps que je le gardais dans ma poitrine. Vous, mon père, vous n'en êtes pas un, parce que si vous en étiez un, vous seriez fier de m'avoir pour enfant et vous m'auriez appris ce que j'ai dû apprendre seul.

L'ONCLE

Il veut réformer le monde, ma parole!

LE PÈRE

Je te ferai taire, malheureux!

JACQUES

Vous ne pouvez pas me faire taire. Certaines choses doivent être dites et on ne peut les laisser dans le silence... Vous m'avez trop fait souffrir! Vous avez voulu me façonner selon le moule banal, n'est-ce pas? Et comme le plâtre a résisté, vous avez répondu par la violence... Mais le plâtre était solide, heureusement! Vous avez voulu me voler le cœur afin de l'enfermer dans un linge épais et l'empêcher de battre si fort...

LE PÈRE

Prends garde!

JACQUES

Oh ! je n'ai pas peur. Je fais mon devoir en ce moment et le vrai, celui qui m'a été révélé par des lèvres invisibles et que j'ai retenu au fond de ma conscience... Je ne vous en veux pas : vous ne savez pas ce que vous faites.

L'ONCLE

Malheureux !

LE PÈRE

Alors, tu espères que je vais me laisser mener par un misérable qui ne sait plus ce qu'il dit. Enfant, prends garde, ceux qui ne font pas ce qui leur est ordonné de faire...

JACQUES

Je le fais, te dis-je...

LE PÈRE

Il est fou ! C'est inadmissible autrement !

L'ONCLE

Jacques ! si tu étais mon fils...

LE PÈRE

Tu es fou, n'est-ce pas?

JACQUES (*reculant lentement, s'arrête, puis retournant vers le Père, qu'il regarde fixement*)

Eh bien! oui, je suis fou, puisque personne n'a su me comprendre.

LA MÈRE (*entrant rapidement*)

Oh! mon enfant! Je t'ai entendu en montant l'escalier!

JACQUES

Et vous me condamnez aussi, ma mère?

LA MÈRE

Comment veux-tu que je te pardonne?

JACQUES

Vous aussi!

LA MÈRE

Voyons, mon Jacques! tu ne sais plus, n'est-ce pas?... Tu as voulu... t'amuser... tu es souffrant.

JACQUES

Vous aussi!

LE PÈRE

Assez! Je ne pardonnerai plus maintenant à ta déraison. Aucun père, vis-à-vis d'un tel monstre, n'a gardé tant de retenue. Tu veux des choses que tous condamnent!

JACQUES

Je n'ai que faire de l'opinion d'autrui... et de la vôtre par dessus le marché.

LE PÈRE

Tu renies un père...

(*Il soufflète Jacques. La mère se jette entre eux deux. Silence.*)

JACQUES

Ce que vous avez fait là ne s'effacera plus.

L'ONCLE

Il doit être malade. Je vais chercher le médecin.

JACQUES

Dépêchez-vous, par exemple.

(*L'oncle sort.*)

LE PÈRE

Et je dirai partout que tu es un infâme en même temps qu'un pauvre garçon. Lorsque tu passeras sur les routes on te montrera du bout du doigt et les gamins te jetteront des pierres.

LA MÈRE

Mon ami! Epargnez-le.

LE PÈRE

Ou bieu tu es fou! Sais-tu ce que c'est que la malédiction d'un père?

LA MÈRE

Mon ami!

JACQUES

Savez-vous ce que c'est que les reproches d'un enfant?

LA MÈRE

Jacques, écoute-moi!

LE PÈRE

Va-t'en avec tes insolences! Va-t'en avec tes chimères, avec tes songes, on ne les reçoit pas ici.

JACQUES

On pardonne aux fous...

LE PÈRE

Va-t'en! Ta folie est plus terrible que les véritables.

LA MÈRE

Ecoutez-moi, tous deux!

LE PÈRE

Comment n'es-tu pas encore parti?

JACQUES *(Il parle d'une voix lente et mystérieuse. Le Père et la Mère se regardent en tressaillant)*

Prenez garde à votre tour, mon père! Prenez garde!... Dans les vieux contes il est parlé souvent de certains fous qui passent le soir auprès des demeures en chantant des chansons étranges. Ils crient qu'ils sont devenus malades parce que ceux qui les devaient aimer n'ont su que les haïr et les torturer... Ah! vous ne m'avez tendu à boire qu'une coupe de larmes... Vous aurez peut-être des remords un jour, mon père, de ce que vous aurez fait !

(*Il ouvre la porte de la terrasse toute grande.*)

LE PÈRE (*bas à la Mère*)

Il a dans les yeux des reflets surnaturels...

JACQUES

Et vous ne savez pas non plus ce que vous aurez fait périr...

LA MÈRE

Que veut-il dire ?

JACQUES

Entendez-vous les oiseaux de la nuit aux plumes noires ? Ils jettent le cri funèbre comme pour appeler vers la tombe !

(*La lampe s'éteint tout à coup ; la lune éclaire la pièce.*)

LE PÈRE ET LA MÈRE

Jacques !

JACQUES

Vous savez, les anges... ils descendent à de longs intervalles sur la terre dans une enveloppe humaine. Il y a une légende sur l'un d'eux que les nourrices racontent aux petits enfants. Oui... Il vint sur la terre et les hommes voulaient lui couper les ailes.

LE PÈRE

Hélas ! c'est qu'il est vraiment fou !

JACQUES

Un de ces anges, une fois, chercha un autre ange tout à travers le monde et il ne l'a jamais trouvé...

LA MÈRE

Oh !

JACQUES

Les fous s'en vont solitaires dans les chemins écartés avec leurs compagnons ineffables qui jouent du cistre autour d'eux... Vous connaissez bien le cistre en bois d'ébène avec des cordes d'or... Ils agitent aussi les grelots de leurs hochets d'ivoire.... Vous voyez que je suis fou maintenant, sérieusement fou !

LE PÈRE

Il m'effraye !

JACQUES

Ils ont voulu prendre mon cœur dans leurs mains barbares ; mais voyez-vous la cage en laquelle je l'ai abrité mieux qu'une escarboucle divine... seulement il saigne sous les flèches qui le traversent à tout instant..... Si j'avais été plus vieux, je n'aurais pas prêté attention, mais la vie ne fait que de frapper à ma porte, et je ne peux pas supporter les coups... non, je ne peux pas... car des mains cruelles m'ont battu de verges d'épine....

LE PÈRE et LA MÈRE

Oh ! oh !

JACQUES

Vous tremblez et vous n'osez plus avancer parce que vous voyez un précipice entre nous... et vous le voyez avec raison.

C'est la nuit avec les étoiles qui sont les morceaux d'or dont je ferai mes couronnes. Les maisons me rejettent, mais j'aime mieux le désert... Là, j'en aurai des milliers d'étoiles et je les décrocherai en montant sur des tours....

LE PÈRE et LA MÈRE

Voyons, Jacques...

JACQUES

Ou plutôt je n'irai pas dans le désert, mais j'irai ailleurs... ailleurs où l'on découvre des visions miraculeuses... ailleurs où les astres sont aussi gros que des mondes et paraissent si légers que la main les porte et les lance dans l'espace en pluie de feu !

LE PÈRE et LA MÈRE

Oh ! Oh !

JACQUES

Vous avez voulu démolir mes palais, dressés dans les brumes du soleil couchant, à moi roi d'un domaine aboli, mais je vais en construire de plus magnifiques encore et ils s'élèveront cette fois-ci au sein d'une œuvre éternelle !

LA MÈRE

Jacques !

JACQUES

Voici résonner les harpes de l'ombre... les doigts légers sur les cordes dures..... C'est la nuit, voyez-vous, là-bas... Elle se repose car elle a fini son voyage. C'est une belle dame aux yeux profonds. Je lui ferai jouer de la harpe et je chanterai en agitant sa chevelure... C'est la nuit ! c'est la nuit ! N'est-ce pas qu'elle est belle !.... C'est le vent qui pleure dans les arbres et fait chuchoter les feuilles... N'est-ce pas qu'elles sont tristes les plaintes du vent ? ....Au loin, au loin, c'est la mer avec sous elle des rochers dangereux et dessus des voiles rapides... Ecoutez-vous la mer ?... J'entends dans moi-même le bruit de ses vagues ! N'est-ce pas qu'elle est le refrain d'une douleur terrible lorsqu'elle se lamente en compagnie de l'ouragan ?

Au loin, la voix d'un matelot.

Il est parti pour un long voyage,
Reviendra-t-il, Vierge Marie ?
Moi je suis de retour au rivage.
Quand on s'en va, c'est pour la vie.

LE PÈRE et LA MÈRE

Jacques ! Jacques !

JACQUES

Il a tiré sa barque sur le sable et il se repose... Chacun la tire, vous savez... oui, oui... on la tire sur le bord auprès du phare... et, si la traversée semble trop longue, la vigie ne cherche plus la terre, elle cherche ce que personne ne connaît... le pays où l'on espère des roses blanches épanouies au milieu des ténèbres...

LE PÈRE et LA MÈRE

Jacques ! Jacques !

JACQUES

Ils n'ont point voulu de moi parce que... ah ! ah !... les fous ne ressemblent pas aux passants ordinaires... Oh ! Il est mauvais de trop faire souffrir un homme. J'ai le cœur trop lourd. C'est un fruit trop mûr après une branche trop chargée .. Vous savez, mon père, il y avait une fois un fou qui vous aimait et que le monde vous a empêché de comprendre, un fou auquel sa mère n'a pas ouvert les bras. Il voulait chanter, mais on a cassé les cordes de son cistre, on les a cassées... et elles ne se raccommodent pas. Alors, comme il ne possédait plus ce qui lui permettait de vivre, il n'en a plus voulu de la vie, il n'en a plus voulu, et il a jeté sa carcasse au bord du chemin...

(Jacques ferme la porte et part. Le père et la mère se regardent. Le père court à la porte donnant sur le jardin et l'ouvre).

LE PÈRE

Jacques !

LA MÈRE *(le montrant devant elle du doigt)*

Il est là... il nous regarde, oh ! oh !.... que tient-il à la main ?... Jacques.

JACQUES *(du jardin, tandis que l'oncle entre par la porte de gauche accompagné du médecin)*

Il y avait un fou... souvenez-vous de lui !

Au loin, la voix du matelot.

Il est parti pour un long voyage,
Reviendra-t-il, Vierge Marie ?

RIDEAU

8 Nov. 94.

Les rôles étaient ainsi distribués :

JACQUES	MM.	Marcel Deslouis.
L'ONCLE		Gerez.
LE PÈRE. . . .		Jablin.
LA MÈRE. . . .	Mme	Suzanne Gay.

ACHEVÉ D'IMPRIMER
le quatre avril mil huit cent quatre-vingt-quinze
par JOSEPH ROYER
à ANNONAY (Ardèche)
pour le
MERCVRE DE FRANCE

L'Imprimeur
Royer

www.ingramcontent.com/pod-product-compliance
Ingram Content Group UK Ltd.
Pitfield, Milton Keynes, MK11 3LW, UK
UKHW021656260726
13994UKWH00003B/1493

9 782329 471143